¡Lista para el festival!

por Claudia Rojas Posada

ilustrado por Ronnie Rooney

Scott Foresman is an imprint of

Glenview, Illinois • Boston, Massachusetts • Chandler, Arizona
Upper Saddle River, New Jersey

Illustrations   CVR, 3-6, 8, 10, 11, 13, 15 Ronnie Rooney

Photographs
Every effort has been made to secure permission and provide appropriate credit for photographic material. The publisher deeply regrets any omission and pledges to correct errors called to its attention in subsequent editions.

Unless otherwise acknowledged, all photographs are the property of Pearson Education, Inc.

Photo locators denoted as follows: Top (T), Center (C), Bottom (B), Left (L), Right (R), Background (Bkgd)

16 (BL) © Bill Bachmann/Alamy Images, (BR) © Dixon Hamby Photographer/Photographers Direct

ISBN 13: 978-0-328-53565-1
ISBN 10:   0-328-53565-6

Copyright © by Pearson Education, Inc., or its affiliates. All rights reserved. Printed in the United States of America. This publication is protected by copyright, and permission should be obtained from the publisher prior to any prohibited reproduction, storage in a retrieval system, or transmission in any form or by any means, electronic, mechanical, photocopying, recording, or likewise. For information regarding permissions, write to Pearson Curriculum Rights & Permissions, One Lake Street, Upper Saddle River, New Jersey 07458.

Pearson® is a trademark, in the U.S. and/or other countries, of Pearson plc or its affiliates.

Scott Foresman® is a trademark, in the U.S. and/or other countries, of Pearson Education, Inc., or its affiliates.

2 3 4 5 6 7 8 9 10 V0N4 13 12 11 10

Lupe mira con desilusión el vestido que le hizo su mamá. "¡No voy a participar! ¿Quién puede bailar con un vestido así?", piensa.

La niña recuerda los disfraces de cantantes de moda que algunos de sus compañeros están preparando para participar en el festival de talentos de su escuela.

—¡Este vestido es muy largo y la falda es tan grande! —se lamenta.

Lupe cuelga el vestido en el armario y sale al parque a jugar con Tere y Pablo, dos hermanos que viven en su vecindario.

—Hola Lupe. ¿Ya tienes todo listo para el festival? —le pregunta Tere.

—Mi mamá me hizo un vestido, pero es demasiado largo. No sé qué bailar ni qué cantar con él —se queja Lupe.

—Mi abuelo me está enseñando a tocar una canción en la guitarra —dice Pablo.

—Yo me pondré un vestido que mi mamá usó de pequeña, para cantar con Pablo —cuenta Tere—. Me lo dio mi abuela.

—Lupe, ven con nosotros a casa de nuestros abuelos —dice Pablo al ver la cara de preocupación de su amiga—. Creo que ellos pueden ayudarte.

En el camino, Pablo y Tere le cuentan que sus abuelos conocen muchas canciones y podrían enseñarle alguna.

Cuando llegan, el abuelo está ocupándose del jardín.

—Hola abuelo, esta es nuestra amiga Lupe —dice Pablo—. Quiere participar en el festival de talentos de la escuela, pero no sabe qué cantar o qué bailar. Pensamos que tú y la abuela podrían ayudarla.

—Mi mamá me hizo un vestido, pero no sé cómo usarlo —le explica Lupe al abuelo—. Tampoco sé qué cantar.

—Pensaremos en algo, Lupe, no te preocupes.

Y mientras se quita los guantes de jardinería, el abuelo invita a los niños a entrar a la casa a comer el budín de arroz que preparó la abuela.

—¡Niños! —saluda la abuela.

—Hola, abuelita —responde Tere—. Necesitamos tu ayuda.

Los niños cuentan el problema de Lupe. Mientras conversan suena una música alegre. Lupe nota que el sonido sale de un aparato que ella nunca había visto.

—¿Qué es esto? ¿Es un aparato de música? —pregunta mirando la caja en la que gira un disco negro.

—Es un tocadiscos —contesta el abuelo—. Sirve para escuchar los discos que se hacían cuando la abuela y yo éramos jóvenes. Estos discos negros son los CD de antes —explica.

—Al abuelo y a mí nos gusta escuchar estas viejas grabaciones —afirma la abuela—. Esta música nos recuerda nuestra infancia y juventud en Borinquen.

—Mis abuelos son puertorriqueños —le explica Pablo a Lupe—. Ellos llaman Borinquen a Puerto Rico.

Mientras comen budín de arroz, el abuelo le habla de su patria a los niños.

—Los puertorriqueños somos personas alegres. A jóvenes y viejos nos gusta escuchar nuestra música y bailar —les dice.

Luego saca otro disco de un armario y lo pone en el tocadiscos.

—Estas canciones, que se escribieron hace tantos años, siguen siendo mis favoritas. La mayoría de ellas habla de la belleza de nuestra patria, otras del amor y algunas de las sorpresas que nos da el destino.

El abuelo y la abuela cantan y bailan con la música que sale del tocadiscos. Los niños se ríen porque la forma en que baila la pareja es muy graciosa.

—¿Qué te gusta más, Lupe? ¿Cantar o bailar? —pregunta el abuelo.

—¡Bailar! —exclama Lupe.

—¿Cómo es el vestido que te hizo tu mamá? —pregunta la abuela.

—Es largo y tiene una gran falda blanca —responde Lupe.

—¡Creo que es perfecto para bailar plena! —dice la abuela.

—¿Plena? —duda Lupe.

Y mientras la abuela les explica a los niños que la plena es un ritmo de Puerto Rico y les cuenta sobre su origen, el abuelo busca en su armario la canción perfecta para la niña.

—¡Mamá! Ya sé qué voy a hacer en la función de talentos de la escuela —grita Lupe al llegar a casa—. Bailaré una plena, mamá, y el vestido que me hiciste es perfecto. ¡Gracias!

También le cuenta que Pablo tocará la guitarra y Tere cantará con un vestido que su mamá usó en la infancia. Luego le pide permiso para visitar a los abuelos de sus amigos después de la escuela.

En los días siguientes, Lupe, Tere y Pablo visitan a los abuelos para aprender y practicar lo que hará cada uno el día de la función.

Cada día, los abuelos reciben a los niños con cariño y algún postre puertorriqueño. Un día es flan de coco, otro día es budín de arroz. El favorito de Lupe y Tere es el flan de coco. Pablo, mientras tanto, no puede escoger; para él, todos los postres de la abuela son sus favoritos.

◀ budín de arroz

▶ flan de coco

—Bailar la música de Puerto Rico es fácil —dice la abuela, mientras mueve las caderas, los brazos y las piernas—. Sólo tienes que dejarte llevar por los sonidos alegres de los instrumentos.

Lupe trata de imitarla, pero no es tan fácil como parece. A veces duda que pueda aprender a bailar plena.

—No te desanimes, Lupe —le dice la abuela—. Todo se logra con la práctica. Podrás hacerlo bien.

El día del festival Lupe está muy nerviosa. Su presentación es la última de todo el espectáculo.

"Creo que no podré hacerlo. Si algo sale mal, todos se van a reír", piensa.

—Tere, no puedo bailar. Estoy muy nerviosa —le dice a su amiga.

—Has practicado mucho Lupe, lo harás muy bien —le contesta Tere.

—Prepárate Lupe, sigues tú —dice la maestra.

"Tere tiene razón. He practicado mucho. Todo saldrá muy bien", se dice Lupe.

Luego sale al escenario y baila como le enseñó la abuela de Tere. Al finalizar, todos la aplauden con entusiasmo.

El festival ha sido un éxito.

—Estuvieron estupendos. Estamos muy orgullosos —dice la abuela.

—Gracias a ustedes por lo que me enseñaron —dice Lupe mientras les entrega a los abuelos un pequeño regalo de agradecimiento que ha preparado con su mamá.

La maestra de Lupe y Tere se acerca al grupo.

—Quiero felicitarlos a todos —dice—. Y especialmente a ti, Lupe. Eres una gran bailarina. Por eso te hemos escogido para participar en el festival de baile del distrito. Irás en representación de la escuela.

Algunas fiestas típicas de nuestros países

Las fiestas populares son muy importantes en nuestra cultura.

En México se festeja el Día de los Muertos, con exquisitas comidas y dulces de azúcar. En Oaxaca se celebran Las Velas, donde las mujeres se visten de gala; y la Guelaguetza, una fiesta con siete bailes que representan a las siete regiones del estado.

En las fiestas de Panamá hay bailes típicos, matrimonios campesinos y desfile de carretas. Los carnavales son cuatro días de danzas, carros alegóricos, disfraces y fuegos artificiales. Los más conocidos son los de Las Tablas y los carnavales acuáticos de Penonomé.

◀ Joven bailarina en Oxaca, México
▼ Carnaval de Las Tablas en Panamá